LE MARIAGE A BABYLONE

D'APRÈS LES LOIS DE HAMMOURABI

PAR

ÉDOUARD CUQ

PROFESSEUR D'HISTOIRE DU DROIT ROMAIN A L'UNIVERSITÉ DE PARIS

PARIS
LIBRAIRIE VICTOR LECOFFRE
RUE BONAPARTE, 90
1905

LE
MARIAGE A BABYLONE

D'APRÈS LES LOIS DE HAMMOURABI

PAR

ÉDOUARD CUQ

PROFESSEUR D'HISTOIRE DU DROIT ROMAIN A L'UNIVERSITÉ DE PARIS

PARIS
LIBRAIRIE VICTOR LECOFFRE
RUE BONAPARTE, 90
1905

LE MARIAGE A BABYLONE

D'APRÈS LES LOIS DE HAMMOURABI (1).

La traduction des lois de Hammourabi a donné lieu à des difficultés de deux sortes, les unes d'ordre linguistique, les autres d'ordre juridique ; les unes relatives au sens des signes qui expriment les mots ou les idées, les autres à l'interprétation des règles édictées par le législateur. Les difficultés d'ordre linguistique sont aujourd'hui en grande partie résolues. Tous ceux qui, en France ou à l'étranger, s'occupent des documents cunéiformes, ont tenu à s'expliquer sur les points douteux (2). Il n'est que juste de constater, à l'honneur de la science française, que le résultat de ces nombreux travaux, ne s'écarte pas sensiblement de celui qui a été présenté au public par le premier éditeur (3), et l'on ne peut que rendre hommage au talent et à l'activité du P. Scheil qui, en six mois, a rendu accessible aux profanes un document de près de quatre mille lignes.

La solution des difficultés d'ordre juridique est loin d'être aussi avancée. L'œuvre des historiens du droit ne pouvait guère commencer avant que celle des assyriologues fût terminée. On a d'abord cherché à donner une vue d'ensemble de la loi, en la rapprochant des autres législations antiques. Cette tâche a été remplie, avec une maîtrise incontestée, au moment même de la publication de la traduction, par l'un des savants qui connaissent le mieux les institutions primitives (4). Depuis cette époque, d'importantes études ont paru en Suisse, en

(1) Cette étude est le développement d'une note insérée dans la deuxième édition de *La loi de Hammourabi* par V. Scheil, 1904, p. 57-59. Des fragments de cette étude ont été lus à l'Académie des Inscriptions, dans la séance du 24 mars 1905 (voir *Comptes rendus de l'Académie*, 1905, p. 60-64).

(2) M. Oppert les a discutés, au Collège de France, dans son cours de philologie et d'archéologie assyriennes, années 1903, 1905.

(3) C'est le témoignage qui lui a été rendu par l'auteur de la première traduction allemande, M. Hugo Winckler : « die Erklärung der Gesetze ist durch ihren ersten Herausgeber Scheil bereits so weit festgestellt worden, dasz nur Einzelheiten oder Strittigkeiten für die Nachlese bleiben ». (*Die Gesetze Hammurabis in Umschrift und Uebersetzung*, 1904, p. III.)

(4) Dareste, *Journal des Savants*, 1902, p. 517-528 ; 586-599.

Allemagne, en Angleterre, en France (1). A mesure qu'on a pénétré dans le détail des articles, des divergences de vue se sont produites : elles ne peuvent être résolues que par la collaboration des historiens du droit et des assyriologues. Si les premiers peuvent signaler le défaut de précision ou même l'impossibilité d'une traduction au point de vue juridique, il appartient aux seconds de dire dans quelle mesure le texte se prête à une explication conforme aux principes généraux du droit.

L'une des principales questions, soulevées par l'interprétation des lois de Hammourabi, la seule que je me propose d'examiner ici, concerne le mariage et les dations auxquelles il peut donner lieu. Ces dations sont au nombre de trois (2) : deux précèdent le mariage et sont désignées par les mots *tirḥatou* et *cheriqtou;* la troisième a lieu durant le mariage : c'est le *noudounnou*. La nature de ces actes est discutée. La question est importante, car suivant le parti que l'on adopte, les rapports des époux entre eux, la situation de la femme mariée, le mariage lui-même apparaissent sous un jour très différent. Sur ces divers points, il s'est formé, malgré les dissidences, une sorte d'opinion commune : nous voudrions montrer que cette opinion, très exacte pour la *cheriqtou* et le *noudounnou*, souffre de graves objections pour la *tirḥatou*.

I

LA *TIRḤATOU*.

La *tirḥatou* est une valeur remise au père de la femme avant le mariage (3) (art. 159-161). Elle est fournie par le futur mari ou par son père. Si celui-ci est mort laissant un de ses fils en bas âge, les enfants déjà mariés doivent remettre à leur frère, outre sa part dans la fortune mobilière du père, l'argent nécessaire pour la *tirḥatou* (art. 166). La remise d'une *tirḥatou* est donc le préliminaire habituel du mariage. D'après quelques contrats de mariage d'une époque voi-

(1) Communication de M. d'Arbois de Jubainville à l'Académie des Inscriptions sur *la vente de la fiancée au futur époux* (*Comptes rendus de l'Académie*, 1904, p. 322). Voir l'ouvrage du même auteur sur *La famille Celtique*, 1905, particulièrement les chapitres II et IV du livre II.

(2) Nous laissons de côté une quatrième dation dont la nature juridique n'offre aucune difficulté, celle qui consiste en objets mobiliers (*biblou*) déposés par le fiancé dans la maison du père de la femme (art. 159-161).

(3) D'après un document cité par Bruno Meissner, *Beiträge zum altbabylonischen Privatrecht*, 1893, p. 14, n. 3, la *tirḥatou* était offerte sur un plat.

sine de celle de Hammourabi (1), la *tirḥatou* consiste en un certain nombre de sicles d'argent (2).

La *tirḥatou* est-elle un acte à titre gratuit, une libéralité faite au père de la femme? Est-ce au contraire un acte à titre onéreux, le prix de la renonciation du père à son droit sur sa fille? La plupart des auteurs, se fondant sur l'étude comparative des institutions, se prononcent en ce dernier sens. L'usage de remettre une valeur au père de la femme au moment du mariage se retrouve dans l'antiquité chez beaucoup de peuples (3), et aujourd'hui encore dans certaines régions de l'Asie (4), de l'Afrique (5), de l'Amérique du Sud (6), de l'Océanie (7). Partout il a un caractère bien déterminé : la valeur remise par le futur est le prix d'achat de la femme. A une certaine phase de la civilisation, alors que la notion de la propriété individuelle commence à se faire jour, la femme est considérée comme une marchandise susceptible d'être vendue. C'est un progrès par rapport à la phase antérieure où le mariage a lieu par rapt; mais cela suppose que la femme occupe une position infime dans la société (8). Les Babyloniens auraient donc conservé, au temps de Hammourabi, cette forme du mariage individuel qu'on appelle le mariage par achat.

Cette interprétation devrait être accueillie comme très vraisemblable, si l'on n'avait qu'un fragment de la loi comprenant les articles 159-161, 166. Mais elle est difficile à concilier soit avec l'article 139,

(1) Meissner, *op. cit.*, n°s 88, 90. Le premier de ces contrats est du temps de Sin muballit, le prédécesseur immédiat de Hammourabi. Il fixe la *tirḥatou* à dix sicles d'argent : c'est une somme égale à celle des honoraires dus au chirurgien qui a fait avec succès l'opération prévue par l'article 215. Dans le second contrat, du temps de Samsi iluna, successeur de Hammourabi, le nombre de sicles n'a pu être déchiffré.

(2) D'après d'autres contrats cités par Meissner, p. 14, la valeur de la *tirḥatou* varie depuis un sicle d'argent jusqu'à une mine.

(3) Cf. Dareste, *Études d'histoire du droit*, 1889, p. 142. *Nouvelles études d'histoire du droit*, 1902, p. 256, 268, 291.

(4) Wilutzky, *Vorgeschichte des Rechts*, 1903, I, 163. Jaussen, *RB*, 1901, p. 595.

(5) Cf. Kohler, *Zeitschrift für vergleichende Rechtswissenschaft*, V, 350; XI, 433, 438; XV, 16.

(6) *Ibid.*, XIII, 309.

(7) *Ibid.*, V, 356; VI, 383; VII, 371; VIII, 87.

(8) Chez les Kabyles, qui ont conservé jusqu'à nos jours leurs coutumes antiques et qui pratiquent le mariage par achat, « la femme, achetée, livrée sans que le plus souvent sa volonté intervienne, n'a pour ainsi dire pas de personnalité légale : c'est une chose humaine ». (Hanoteau et Letourneux, *La Kabylie et les coutumes Kabyles*, t. II, 1873, p. 148). Suivant les mêmes auteurs, la langue kabyle confond les idées de mariage et d'achat de la femme. Un homme dit pour annoncer son mariage : « J'ai acheté une femme hier. » On ne dit pas d'un père : « Il a marié sa fille », mais bien : « Il a mangé de sa fille ». Le prix d'achat, qui consiste toujours en une somme d'argent, est appelé *thoutchith*, le manger. On l'appelle aussi par euphémisme *thâmamth*, un turban, de même qu'en français on emploie le mot *épingles* dans certains marchés (*Ibid.*, p. 149, n. 2; 152, n. 1-2).

soit avec les articles relatifs à la *cheriqtou* et à la condition de la fiancée et de la femme mariée. Il ne suffit pas en effet, pour la justifier, de constater sur un point une analogie entre le mariage par achat et l'usage babylonien, il faut établir que la remise d'une *tirḫatou* est une condition nécessaire à la formation du mariage. Il faut ensuite prouver que l'usage du mariage par achat est conforme à ce que l'on sait sur l'état social des Babyloniens, au temps de Hammourabi, et en particulier sur la situation de la femme mariée.

Pour résoudre la question d'une façon sûre, il convient de se reporter au texte de la loi.

1° La loi n'exige pour la formation du mariage que deux conditions : un accord préalable entre les pères des futurs époux (art. 155, 156), ou entre le futur mari et le père de la femme (1) (art. 159), un acte émanant du mari et déterminant les obligations de la femme (art. 128).

a) L'accord préalable constitue les fiançailles et entraîne plusieurs conséquences juridiques (art. 130, 155, 156) ; il est séparé du mariage par un intervalle plus ou moins long (art. 155, 156), pendant lequel chacune des parties conserve le droit de se dédire.

La remise de la *tirḫatou* a lieu lors des fiançailles. La loi ne la prend en considération que dans trois cas : rupture des fiançailles, prédécès de la femme sans enfant, répudiation pour stérilité.

Le fiancé, qui ne veut pas donner suite au projet de mariage, ne peut réclamer la *tirḫatou* : la propriété en est définitivement acquise au père de la femme (art. 159). Si au contraire le père de la femme s'oppose au mariage, il doit payer le double de ce qu'il a reçu (art. 160, 161).

Si la femme meurt sans enfant, son père doit payer au mari une indemnité égale à la *tirḫatou* qu'il a reçue (art. 163).

Le mari, qui répudie sa femme pour cause de stérilité, doit lui payer une somme égale à la *tirḫatou*. S'il n'y a pas eu de *tirḫatou*, il doit lui payer une mine d'argent (art. 139), ou un tiers de mine s'il est un *mouchkînou* (art. 140).

Les fiançailles ne sont donc pas subordonnées à la remise d'une *tirḫatou* ; elles peuvent exister légalement et produire des effets juridiques en l'absence d'une *tirḫatou* (art. 130, 155, 156). On peut dès lors affirmer que, si l'usage du mariage par achat subsistait au temps de Hammourabi, il n'était plus observé dans son intégrité :

(1) La Liberté pour la femme d'épouser qui elle veut n'existe que dans quelques cas : art. 137, 156, 172.

d'une part l'achat de la fiancée n'était plus indispensable à la formation du mariage; d'autre part cet achat n'était pas définitif : il pouvait, avant la conclusion du mariage, être résilié par la volonté de l'une des parties (1).

b) La formation du mariage exige la rédaction par le mari d'un acte déterminant les obligations de la femme. Le seul énoncé de cette condition montre que la loi ne considère pas la femme comme la chose du mari : il n'est pas libre de la traiter à sa guise ; il doit faire connaître à la femme, ou à ses parents qui discuteront les termes du contrat, les obligations qu'il désire lui imposer. On a un exemple, malheureusement incomplet, d'un acte de ce genre (2) : un mari prend pour épouse (de second rang) une sœur de sa femme ; l'acte fixe les devoirs du mari envers la femme, la somme qu'il paiera en cas de répudiation, la peine encourue soit par la première femme si elle se dispute avec la seconde, soit par les deux femmes si elles renient leur mari.

La règle qui subordonne la pleine efficacité du mariage à la rédaction d'un écrit, n'est pas particulière aux Babyloniens : on la retrouve à une époque bien postérieure en Syrie et en Égypte. Le recueil, improprement appelé « livre de droit syro-romain », et désigné dans les manuscrits et dans la littérature syriaque sous le titre de « lois civiles de Constantin, Théodose et Léon » (3), distingue le mariage avec ou sans écrit (φερνή) (4). Des papyrus gréco-égyptiens du IIe siècle avant notre ère (5) et des premiers siècles de l'Empire (6) distinguent également l'ἔγγραφος γάμος qui fixe les obligations des époux d'une façon durable (7) et l'ἄγραφος γάμος qui ne contient pas de clause

(1) On peut aussi faire observer que, si la *tirhatou* était le prix d'une vente, elle devrait être restituée dans le cas prévu par l'article 130; c'est ce qui a lieu chez les peuples qui pratiquent réellement l'achat de la femme, par exemple en Kabylie (Hanoteau et Letourneux, II, 159).

(2) Meissner, *op. cit.*, n° 89 et p. 148.

(3) Cf., sur la formation successive de ce recueil, dont la rédaction première remonte au IVe siècle, et sur son utilité pour certaines régions de la Syrie après leur séparation de l'Empire romain, Mitteis, *Ueber drei neue Handschriften des syrisch-römischen Rechtsbuchs*, 1905, p. 3, 23, 30, 37. L'un des manuscrits en langue araméenne, récemment découverts à la Bibliothèque du Vatican, commence par cette indication : « Lois civiles des Romains, réunies sur l'ordre de Valentinien par *Ambrosius confessor* ». S'agit-il de saint Ambroise?

(4) Ms. de Paris, §§ 41 *bis*, 15 et 16. Il n'y a, bien entendu, aucune conclusion à tirer de ce rapprochement, quant à l'origine du livre de droit syro-romain. Cf. Mitteis, *Zeitschrift der Savigny-Stiftung*, R.-A., XXV, 284.

(5) Nicole, Papyrus de Genève, II, 21.

(6) Wessely, Papyrus de Vienne, C. P. R., I, 28; Grenfell and Hunt, Papyrus d'Oxyrynchos, II, 237; 267.

(7) Le mari s'engage à pourvoir à l'entretien de sa femme ; il promet de ne pas l'insulter,

de ce genre. Cette distinction n'était pas sans intérêt pratique : d'après le livre de droit syro-romain, les enfants nés d'un mariage sans écrit n'ont pas droit à la succession paternelle (1); d'après les papyrus, le fils né d'un mariage sans écrit ne peut tester du vivant de son père (2); la fille, née d'un mariage sans écrit, peut être réclamée à son mari par son père, à moins qu'elle n'ait contracté un mariage écrit (3).

L'opposition entre le mariage avec écrit et le mariage sans écrit n'apparaît pas nettement dans les traductions des lois de Hammourabi. En cas de cohabitation après les fiançailles, y avait-il mariage, bien que la femme n'eût pas la qualité d'épouse? Il appartient aux assyriologues d'examiner si le texte permet de répondre à cette question. Ce qui est certain, c'est que la cohabitation entre fiancés produit au moins un effet juridique, indiqué dans l'article 155.

La seconde condition requise pour la formation du mariage n'est pas par elle-même incompatible avec l'idée d'un achat de la femme. L'étude comparative des institutions juridiques montre que le contrat de vente comporte certaines clauses restrictives du droit de l'acheteur. A Rome, par exemple, le vendeur d'un esclave pouvait convenir avec l'acheteur qu'il n'abuserait pas de son pouvoir sur lui, ou qu'il ne l'enverrait pas résider dans une autre province (4). Mais ces clauses, inspirées par un sentiment de bienveillance envers l'esclave, n'ont été admises qu'à une époque où l'esclave était traité à bien des égards comme une personne, au siècle des Antonins (5). Nous pouvons donc conclure de ce rapprochement que la condition imposée par l'art. 128 révèle un état social assez avancé, une période où la loi reconnaît à la femme une certaine personnalité, où, par suite, le système du mariage par achat, s'il est encore pratiqué, n'a plus sa signification primitive.

2° D'après les articles 172, 176 et 183, le père qui marie sa fille

la maltraiter, la chasser; de ne pas prendre une autre femme. De son côté la femme promet d'obéir à son mari; elle ne devra ni l'offenser, ni dissiper les biens communs, ni quitter un seul jour la maison conjugale sans l'autorisation du mari, ni aller avec un autre homme. (Cf. Genève, II, 21.) Suivent des clauses relatives à la dot de la femme et au divorce.

(1) Ms. de Paris, § 15.

(2) C. P. R., I, 18.

(3) Oxy., II, 237.

(4) Papin., *Dig.*, XVIII, 7, 6 et 7 : *ne prostituatur; ne pœnæ causa exportaretur*, Cf. Hadr., *Cod. Just.*, IV, 56, 1. On admit aussi, dans l'intérêt du maître, les clauses interdisant le séjour de l'esclave dans certaines régions : *ne in Italia esset, ne aliquo loci moretur*. (Papin., *loc. cit.*, 1 et 7.)

(5) Cf. Édouard Cuq, *Les institutions juridiques des Romains*, t. II, 1902, p. 129-131; 452, n. 2.

remet ordinairement au futur mari une *cheriqtou*. La *cheriqtou*, nous l'établirons bientôt, n'est autre chose qu'une dot, un apport destiné à subvenir aux charges du mariage (1). Cet usage est difficile à concilier avec celui du mariage par achat (2). On ne conçoit pas que le père remette de l'argent au mari pour subvenir aux besoins de la fille qu'il lui a vendue : le vendeur n'a pas à pourvoir à l'entretien de la marchandise livrée à l'acheteur. Puis, dans le mariage par achat, le père entend retirer un profit d'une vente qui le prive des services de son enfant; or, l'article 164 suppose que la dot a une valeur supérieure à celle de la *tirḥatou;* le père donnerait plus qu'il ne reçoit : résultat absurde dans l'hypothèse d'un mariage par achat.

L'incompatibilité de ces deux institutions, la dot et le mariage par achat, est telle qu'on a senti la nécessité d'en expliquer la coexistence. La constitution de dot, a-t-on dit, a pour but d'épargner à la fille l'humiliation qui est la conséquence de son achat par le mari. Ce serait un moyen de la relever à ses propres yeux et à ceux du mari. Le père rendrait au fiancé sous forme de dot la valeur qu'il a reçue comme prix de vente (3). Cette explication prouve tout au moins, que le mariage par achat n'est plus sérieusement pratiqué (4) et qu'il n'est plus en harmonie avec l'état des mœurs. On ne peut cependant l'accueillir : elle méconnaît le rôle de la *cheriqtou* qui n'est pas restreint au cas du mariage (art. 178-184); elle méconnaît aussi son caractère d'avancement d'hoirie (art. 183).

L'usage simultané de la dot et du mariage par achat ne se conçoit que chez les peuples où le mariage par achat est un acte de pure forme conclu pour un prix fictif. Tel n'est pas le cas à Babylone, au

(1) Pour prévenir une équivoque, il est essentiel de remarquer que nous prenons le mot dot dans son sens classique tel qu'il a été fixé par la jurisprudence romaine : c'est l'apport de la femme. Il ne faut pas le confondre avec la donation que, chez certains peuples comme les Germains, le mari fait à sa femme au moment du mariage, et que l'on désigne par l'expression *dos ex marito ;* encore moins avec la *morgengabe*, don du matin, que le mari offre à sa femme le lendemain du mariage. Cette double confusion est souvent faite (par exemple dans Hanoteau et Letourneux, *op. cit.*, II, 148 et n. 1. Les mêmes auteurs appellent aussi dot les objets de parure donnés à la femme par son père lors du mariage : t. II, 162). C'est la cause de bien des malentendus.

(2) Kohler (*Z. f. vergl. Rw.*, XV, 17; XVII, 331) reconnaît que, chez les peuples où il est d'usage que le père donne un trousseau à sa fille en la mariant, l'idée d'un achat de la femme est déjà affaiblie. A plus forte raison en est-il de même lorsque le père constitue une dot à sa fille.

(3) Stanley Cook, *The laws of Moses and the Code of Hammurabi*, 1903, p. 90 et 163; Chilperic Edwards, *The Hammurabi Code and the Sinaïtic legislation*, 1904, p. 100.

(4) C'est l'avis de G. Cohn, *Die Gesetze Hammurabis*, 1903, p. 24. M. Dareste (*Études d'histoire du droit*, p. 29) constate que, chez les Hébreux qui pratiquaient l'achat des femmes dès le temps des patriarches, l'usage de la dot ne s'est introduit qu'après leur établissement dans la Terre Sainte.

temps de Hammourabi : la *tirhatou* a une valeur réelle, qui sert à calculer certaines indemnités dues à la femme et au mari et dont le montant peut s'imputer sur la dot.

3° La femme n'est pas traitée par la loi comme un objet de propriété (1).

a) Avant le mariage, la femme dont le futur mari est chargé de dettes peut se faire promettre qu'elle ne sera pas saisie par les créanciers (art. 151). Elle conserve la capacité de s'obliger, car le mari n'est pas tenu des dettes qu'elle a contractées avant son entrée dans la maison (art. 151).

b) Durant le mariage, la femme a la capacité juridique. Elle reste propriétaire de sa dot (art. 162, 163). Elle est libre de disposer de ses esclaves (art. 146, 147). Des documents récemment publiés prouvent qu'elle peut être témoin d'un acte juridique (2) : c'est un droit que notre code civil refusait à la femme française et qui ne lui a été accordé que par la loi du 7 décembre 1897. En cas d'absence du mari, la femme d'un militaire, dont le fils est en bas âge, est chargée de la gestion d'une partie de ses biens (art. 29). Enfin la femme peut, dans le cas prévu par l'article 142, refuser de cohabiter avec son mari et rentrer dans la maison paternelle.

c) En cas de dissolution du mariage par le prédécès du mari, la femme exerce la puissance paternelle (3). Elle dirige la maison, et ses enfants ne peuvent se soustraire à son autorité sans la permission du juge (art. 172).

Toutes ces règles seraient inexplicables si la femme était considérée comme une marchandise, pouvant faire l'objet d'un contrat de vente.

4° Il est difficile de croire qu'à une époque où les rapports de droit étaient si développés qu'il a fallu, pour les réglementer, un code de l'étendue et de l'importance de celui de Hammourabi, les Babyloniens en soient restés à une forme de mariage qui dénote un état social peu avancé.

Les lois de Hammourabi contiennent, il est vrai, des vestiges d'un état du droit plus ancien : l'ordalie de l'eau froide (art. 2, 132), la

(1) Chez certaines peuplades de l'Afrique où l'achat de la femme subsiste encore, le mari peut revendre sa femme, la donner en gage, la transmettre à ses héritiers. Cf. Kohler, *Zeits. f. vergl. Rw.*, XI, 421; Rehme, *ibid.*, X, 42. « Suivant l'énergique expression kabyle, la veuve reste *pendue* à son mari et fait partie de sa succession » (Hanoteau et Letourneux, *op. cit.*, II, 156). Cf. *Z. f. vergl. Rw.*, XVII, 338.

(2) S. Daiches, *Altbabylonische Rechtsurkunden, aus der Zeit der Hammurabi-Dynastie*, 1903, I, 32, 63, 72, 79; cf. Meissner, *op. cit.*, 14.

(3) Meissner, *op. cit.*, n° 56 et p. 136. Une mère loue les services de son fils pour un an et touche le salaire promis.

preuve par le serment du demandeur (art. 23, 106, 120, 126, 240). Ce sont là des survivances comme on en rencontre souvent dans les législations anciennes, parfois même en droit moderne. J'en dirai autant de la sévérité des lois criminelles, du grand nombre de cas où elles prononcent la peine de mort : on en compte trente-cinq. Mais, dans notre code pénal de 1810 complété par les lois postérieures, il y en a encore une vingtaine, et nous nous flattons d'être un des peuples les plus civilisés.

Le mariage par achat est-il également une survivance? On l'a soutenu en invoquant l'usage de la *coemptio* chez les Romains. A Rome, a-t-on dit, le mari faisait en général l'acquisition de sa femme par les mêmes procédés que s'il se fût agi d'une propriété quelconque : c'était ordinairement par achat, c'est-à-dire par la mancipation qui avait fini par devenir une vente fictive, après avoir été primitivement une vente réelle (1).

Il y a, dans cette manière de voir, une appréciation inexacte du rôle et du caractère de la *coemptio*. La *coemptio* n'est pas une forme de mariage, mais seulement l'un des trois modes d'acquérir la *manus*. C'est un acte facultatif qui peut être suppléé par une cérémonie religieuse, la *confarreatio*, ou dont on peut entièrement se dispenser, si l'on est en mesure d'invoquer l'*usus*. La *coemptio* n'a d'une vente que l'apparence : c'est une application récente de la règle des Douze Tables qui déclare la puissance paternelle éteinte après une triple mancipation et de l'interprétation des Prudents qui n'en exigent qu'une seule pour les filles. Cette application est donc postérieure à l'époque où la mancipation est devenue un acte imaginaire (2). L'achat de la femme n'a pas été à Rome un acte réel (3), comme l'ont cru quelques auteurs au milieu du siècle dernier (4).

On a objecté que le père de famille pouvait vendre son fils : pour-

(1) D'Arbois de Jubainville, *La famille Celtique*, p. 120.

(2) Cf. Édouard Cuq, *Les Institutions juridiques des Romains*, 2e édition, 1905, t. Ier, p. 62, n. 5.

(3) On sait d'ailleurs que le mot *emere* n'eut pas, à l'origine, de sens technique : il signifiait prendre. (Fest. v° *Emere*). Cf. Bréal et Bailly, *Dict. étym. lat.* p. 77. Il s'appliquait à l'acquisition de la *manus* aussi bien qu'à la vente et au louage. Lorsqu'on voulait en préciser le sens, on avait soin d'indiquer à quel titre avait lieu l'*emptio* (*emptio venditio*) ou de quelle manière elle se réalisait (*co-emptio*). Boëce (*Top. III*, 14) dit que, dans la *coemptio*, le mari et la femme se demandaient réciproquement s'ils voulaient être *mater* ou *paterfamilias*. Cf. Édouard Cuq, *op. cit.*, I², 228, n. 3.

(4) Rossbach, *Die römische Ehe*, 1854, p. 88. Cette opinion conduit à une conséquence contredite par les textes : la femme figurerait dans la *coemptio* comme l'objet de la mancipation. Or deux passages de Paul (*Collat.*, IV, 2, 3) et de Papinien (*ibid.* IV, 7, 1) prouvent que la femme est partie contractante : son père, si elle est *alieni juris*, ou son tuteur, si elle est *sui juris*, doit l'assister à titre d'*auctor*.

quoi, dit-on, n'aurait-il pu vendre sa fille? Mais la vente du fils n'était possible qu'à titre de peine et à la condition d'avoir lieu à l'étranger, *trans Tiberim* (1). Il n'y a pas de rapport entre cet acte et une vente faite à Rome en vue du mariage. — Quant à la mancipation du fils, elle a si peu le caractère d'une vente qu'elle peut être renouvelée trois fois; c'est la forme antique du louage de services.

On a également invoqué des passages de Servius et d'Isidore de Séville : l'un et l'autre parlent de l'*antiquus nuptiarum ritus* par lequel *maritus et uxor se invicem coemebant* (2). Mais on ne saurait attribuer aucune valeur à cette explication de la *coemptio :* l'achat réciproque de la femme et du mari n'a rien de commun avec la forme de mariage par achat de la femme. La méprise d'Isidore vient de ce que, de son temps, le mari faisait une donation *ante nuptias* à la femme, tandis que la femme remettait une dot au mari. Isidore a cru que la donation était le prix d'achat de la femme, la dot, le prix d'achat du mari. Il a méconnu le véritable caractère de ces actes et commis une erreur en faisant remonter à l'époque antique la donation *ante nuptias* qui n'a pas été traitée comme une contre-partie de la dot avant le cinquième siècle de notre ère (3).

Le droit romain ne saurait donc fournir aucun argument pour démontrer que le mariage par achat a persisté dans un état social relativement avancé.

L'étude du texte de la loi nous conduit à la conclusion suivante : le système du mariage par achat, s'il existait encore au temps de Hammourabi, n'est plus pratiqué dans son intégrité. Il a subi une double altération : *a*) la remise d'une *tirḫatou* n'est plus indispensable; *b*) elle a lieu, non plus au moment du mariage, mais lors des fiançailles. Le mariage n'est donc pas conclu directement et réalisé par la livraison de la femme en échange du prix payé par le mari. Il suppose un accord préalable en vertu duquel le père de la femme promet de livrer sa fille, tandis que le fiancé promet de lui donner la qualité d'épouse (4). Tant que la tradition n'est pas faite, les parties peuvent se dédire.

Si l'on joint à cela les textes qui prouvent que la constitution de dot était d'un usage courant et que la femme n'était plus traitée comme

(1) Cf. Édouard Cuq, *op. cit.*, I, p. 50, n. 2.

(2) Serv., *in Georg.*, I, 31; Isidor., *Or.*, V, 24-26.

(3) Édouard Cuq, *op. cit.*, t. II, p. 810, n. 1.

(4) M. Viollet, dans la nouvelle édition de son *Histoire du droit civil français* (1905, p. 457), reconnaît que l'usage des fiançailles est une altération du système du mariage par achat.

une marchandise, on devra convenir qu'il y a là un ensemble de faits qui inspirent des doutes très sérieux sur l'exactitude de l'opinion commune. Il serait bien singulier que, malgré toutes ces déviations de l'idée première du mariage par achat, la *tirḫatou* seule eût conservé son caractère primitif.

Examinons maintenant les raisons que l'on a fait valoir pour affirmer l'existence du mariage par achat au temps de Hammourabi. On n'en donne aucune preuve directe (1). Les raisons alléguées sont pour la plupart de simples raisons d'analogie ; d'autres sont déduites du texte de la loi. Les raisons d'analogie sont tirées soit de l'étude comparative des institutions, soit de documents Babyloniens et Assyriens, rédigés treize ou quatorze siècles après Hammourabi.

1° Le mariage par achat a été, dit-on, d'un usage général chez les peuples de l'antiquité. C'est un fait qui résulte de l'étude comparative des institutions et qui n'est pas contesté (2); mais cela ne prouve nullement que cet usage subsistait à Babylone au temps de Hammourabi. Certains auteurs semblent croire que l'histoire comparative du droit fournit des arguments décisifs pour expliquer les points obscurs des lois anciennes ou pour en combler les lacunes. On ne saurait trop protester contre cette appréciation : l'histoire comparative ne peut que suggérer des conjectures et les rendre vraisemblables, surtout lorsqu'il s'agit de peuples de même race, de mêmes croyances, de même civilisation (3).

L'usage du mariage par achat est, dit-on, commun aux peuples de race sémitique : la *tirḫatou* n'est autre chose que la *mohar* des Hébreux (4); elle consistait ordinairement en une somme d'argent; le fiancé pouvait aussi promettre ses services au père de la femme, pour un temps déterminé (5). L'analogie est certaine, mais pour affirmer que les deux actes ont une nature identique, il faudrait établir que l'état de la civilisation était le même chez les Babyloniens et chez les Hébreux. Or l'ancien droit israélite révèle une civilisation bien moins

(1) Les assyriologues ont constaté l'absence dans le Code de tout terme spécifique signifiant acheter ou acquérir, à propos de la femme épousée.

(2) Bien qu'on se soit contenté très souvent, pour en affirmer l'existence chez tel ou tel peuple, de preuves qui ne sont rien moins que solides. Cf. Ch. Lefebvre, *Leçons d'introduction générale à l'histoire du droit matrimonial français*, 1900, p. 362-379.

(3) Cf. sur cette question, Édouard Cuq, *Les Institutions juridiques des Romains*, t. I², p. 40.

(4) *Genèse*, **22**, 15.

(5) *Genèse*, **26**. Jacob servit sept années chez Laban pour obtenir Rachel. Un usage analogue existe encore aujourd'hui au Bengale et en Birmanie. (Kohler, *Zeits. f. vergl. Rw.* IX, 333).

avancée que celle des Babyloniens au temps de Hammourabi. Quelques exemples suffiront à le démontrer :

a) Dans la législation hébraïque, le droit n'est pas encore séparé de la religion (1). Dans les lois de Hammourabi la séparation est faite, il n'y a pas de trace du droit théocratique.

b) Chez les Hébreux, l'État a encore une organisation familiale ; chez les Babyloniens, les groupes de familles n'apparaissent plus dans l'organisation de l'État (2) ; tous les individus sont soumis à l'autorité du roi.

c) Dans les lois de Hammourabi, il n'est question ni de la vengeance du sang qui subsiste dans les lois de Moïse (3) ; ni du droit d'asile, en cas d'homicide par imprudence (4).

d) Hammourabi ne fait aucune différence entre les nationaux et les étrangers.

e) Il n'y a plus de trace de la communauté primitive des terres ; il n'y a rien d'analogue à l'année du sabbat (5) ou à l'année du jubilé (6).

f) La monogamie est la règle ; le mari est cependant autorisé à prendre une seconde femme sans répudier la première (7), mais seulement en cas de stérilité (8) (art. **148**, **145**). Et encore, ce droit lui

(1) A Rome, le droit fut également, aux premiers siècles, mêlé à la religion. La sécularisation du droit et de la jurisprudence s'est opérée progressivement. Cf. Édouard Cuq, *op. cit.*, t. I, p. 2 et 160.

(2) La loi maintient seulement, dans le cas de brigandage, la responsabilité de la commune et de celui qui la dirige (art. 23 et 24). C'est une disposition analogue à celle qui existe en droit moderne : la loi du 5 avril 1884 (art. 106) a consacré le principe de la responsabilité des communes pour « les dégâts et dommages résultant des crimes ou délits commis à force ouverte ou par violence sur leur territoire par des attroupements ou rassemblements armés ou non armés, soit envers les personnes, soit envers les propriétés publiques ou privées. »

(3) *Samuel*, **2**, 3, 27-30 ; *Nombres*, **35**, 19-27 ; *Deutér.*, **19**, 12.

(4) *Josué*, **20** ; *Nombres*, **35**, 6, 11, 15. Les villes de refuge sont au nombre de six, trois de chaque côté du Jourdain.

(5) *Lévit.*, **25**, 5-6.

(6) *Ibid.*, **25**, 8, 13 et suiv. Les aliénations sont révoquées tous les cinquante ans, chacun rentre dans ses biens. Par exception, la vente des maisons situées dans les villes murées devient irrévocable au bout d'un an.

(7) La seconde femme n'a pas un rang égal à celui de l'épouse (art. 145), mais elle a les mêmes droits en cas de répudiation (art. 137).

(8) D'après Kohler et Peiser, *Hammurabis Gesetz*, 1904, I, 121, il faudrait y joindre le cas de maladie chronique grave (art. 148). Il semble plutôt que dans ce cas le premier mariage est rompu, et que la femme a seulement le droit de rester dans la maison du mari qui doit pourvoir à son entretien. Cf. G. Cohn, *op. cit.*, 14 ; Jeremias, *Moses und Hammurabi*, 1903, p. 12.

est-il retiré si sa femme lui donne une esclave (1) (art. **144**). Ces restrictions n'existent pas chez les Hébreux (2).

g) Le père ne peut chasser son fils coupable et le priver des droits attachés à la filiation sans l'autorisation du juge et seulement pour un crime grave et en cas de récidive (art. **168**, **169**). Ces restrictions à la puissance paternelle sont inconnues aux Hébreux (3).

h) La servitude pour dettes est limitée à trois ans (art. **117**), au lieu de six (4).

i) Le droit de tuer le fils ou la fille de celui qui a causé la mort d'un fils ou d'une fille est limité à la première génération et n'est admis que dans trois cas (art. **116**, **210**, **230**). D'après l'ancien droit israélite les crimes du père pouvaient être punis jusqu'à la troisième et à la quatrième génération (5).

2° L'achat de la femme en vue du mariage était, dit-on, usité chez les Babyloniens longtemps après Hammourabi. A plus forte raison devait-il exister chez eux à l'époque antérieure (6). Cette conclusion est très contestable; les deux textes qu'on a cités ne sont rien moins que probants.

L'un qui paraît remonter au VIIe siècle avant notre ère (7), contient un acte par lequel une Égyptienne achète une femme qu'elle veut donner en mariage à son fils (8). Mais cet acte est assyrien et non babylonien; puis, comme le font observer les savants traducteurs des *Documents juridiques de l'Assyrie et de la Chaldée*, la femme, objet de la vente, est une esclave. L'achat s'explique ici par la qualité de la personne que le fils de l'acquéreur doit épouser. Il n'y a rien à en conclure pour la forme du mariage en général.

Le second texte est du temps de Nabuchodonosor (9). Il appartient à une époque où Babylone avait été conquise par les rois d'Assyrie et soumise à un peuple d'une civilisation moins avancée. On ne saurait

(1) Cette esclave ne peut, même si elle a des enfants, rivaliser avec sa maîtresse (art. 146). Le mari peut d'ailleurs avoir une esclave pour concubine, lors même que sa femme a des enfants (art. 170, 171).

(2) *Genèse*, **20** : mariage de Jacob avec Lia et Rachel.

(3) *Deutéronome*, **21**, 18-21. L'enfant coupable est conduit devant les anciens de la ville et lapidé.

(4) *Exode*, **21**, 2.

(5) *Exode*, **20**, 5; **34**, 7. Cette règle, combattue par Jérémie (**31**, 29) et par Ézéchiel (**18**, 2), a été écartée par le Deutéronome (**24**, 16) : désormais les peines sont personnelles.

(6) Wilutsky, *Vorgeschichte des Rechts*, t. Ier, p. 165.

(7) Oppert et Ménant, 220-223, le classent parmi les documents de la fin du grand empire d'Assyrie.

(8) *Cuneiform Inscriptions of Western Asia*, III, 49, 3.

(9) Strassmaier, *Babylonische Verträge*, Nbk., 101. Cf. G. Cohn, *op. cit.*, 20.

y chercher une preuve certaine de l'état antérieur du droit. Il est plus vraisemblable que ce contrat a été rédigé sous l'influence de coutumes étrangères (1).

3° La *tirḥatou* a, dit-on, le caractère d'un prix de vente, car l'acquéreur doit la restituer si la femme meurt sans enfant. On peut ajouter qu'il doit la rendre au double s'il s'oppose au mariage. Mais, pour que cette raison eût quelque valeur, il faudrait démontrer que cette obligation de restituer était, à Babylone, spéciale à la vente; or rien, dans les lois de Hammourabi, ne permet de l'affirmer, et l'on ne voit pas pourquoi une donation au père de la fiancée ne serait pas présumée faite sous la double condition de la réalisation du mariage et de la procréation des enfants.

L'étude comparative du droit confirme cette manière de voir. Chez les Romains, par exemple, une dation peut être répétée lorsque la cause qui l'a déterminée ne s'est pas réalisée; il suffit que cette cause soit un élément de l'acte qu'on a voulu faire et qu'elle ne soit ni illicite ni immorale (2). D'autre part, la faculté pour un contractant de se dédire, faculté qui résultait de la livraison d'une somme d'argent à titre d'arrhes, était admise dans la donation aussi bien que dans la vente et l'échange (3). Elle fut également admise en cas de fiançailles. Dans certaines régions de l'Empire, les arrhes, remises par le fiancé aux parents de la jeune fille (4), étaient une garantie contre la rupture du contrat (5). Comme à Babylone, le fiancé, en cas de rupture, perdait ce qu'il avait donné (6); les parents de la jeune fille payaient le double (exceptionnellement le simple) de ce qu'ils avaient reçu (7). Les *arræ sponsaliciæ* différaient essentiellement de celles qui étaient usitées dans la vente : c'étaient des présents (*munera*) (8) et non un à-compte (9).

4° L'argument décisif, que les textes refusent aux partisans du mariage par achat, doit suivant eux se déduire par voie de raisonnement

(1) Kohler et Peiser, *Aus dem babylonischen Rechtsleben*, I, p. 7, reconnaissent que l'achat de la femme était à cette date un fait exceptionnel. Cf. Meissner, *op. cit.*, 148.

(2) Cf. Édouard Cuq, *Institutions juridiques*, II, 505.

(3) *Cod. Just.*, IV, 21, 17 p.

(4) Theod., *Cod. Just.*, V, 3, 1 (adressée en 380 à Eutrope, préfet d'Illyrie); Honor., *cod.*, V, 8, 1 (adressée en 409 à Théodore, préfet d'Italie et d'Illyrie occidentale); Leo, *eod.*, V, 1, 5 (adressée en 472 à Erythrius, préfet d'Orient).

(5) Cf. Theod., *eod.*, V, 2, 1 pr. : *Data pignora lucrativa habeant.*

(6) Theod., *loc. cit.*

(7) Paul, *Dig.*, XXIII, 2, 38 pr.; Leo, *loc. cit.*

(8) Alex. Sev., *Cod. Just.*, V, 3, 2.

(9) Varro, *l. l.*, V, 175; Isidor., *Orig.*, V, 25, 20.

de la situation faite à la femme mariée par les lois de Hammourabi : la femme est traitée comme la propriété du mari. Nous verrons tout à l'heure si cette assertion est exacte, mais même en l'acceptant il ne s'ensuit nullement que la femme soit vendue au mari. L'histoire générale du droit le prouve : il y a certains peuples qui considèrent la femme comme la propriété du mari, bien que le mariage ne se forme pas par voie d'achat. A Rome, la femme qui est passée sous la *manus* du mari est désignée par le génitif de propriété (1); et pourtant la *manus* peut s'acquérir par un mode qui exclut toute idée d'achat, la *confarreatio*.

Cette manière de concevoir la situation de la femme s'explique à une époque où le droit est imparfait, où la jurisprudence n'a pas encore analysé les rapports de droit et marqué les différences qui les séparent : les droits sur les personnes, aussi bien que les droits sur les choses, se ramènent à une notion unique, la propriété (2). On a bien conscience que ces droits ne sont pas identiques (3); mais la notion de la puissance maritale n'est pas dégagée.

Il en a été de même à Babylone. Pour prouver que la femme était traitée comme la propriété du mari, on a dit que le même mot sert à désigner le mari et le propriétaire de l'esclave (4). Cet argument n'aurait de valeur que si la loi accordait au mari sur sa femme un droit de disposition analogue à celui qu'il a sur ses autres biens mobiliers. Les deux textes que l'on cite ne prouvent pas l'existence de ce droit.

a) Le mari, dit-on, peut vendre sa femme pour acquitter ses dettes, et dans ce cas la femme est forcée de travailler pour libérer son mari (5) (art. 117). Mais il ne s'agit pas d'une vente au sens que nous donnons à ce mot, c'est-à-dire d'un acte destiné à transmettre à l'acheteur la propriété incommutable d'une chose ; il s'agit d'une sorte de louage de services, dont le prix s'impute sur la dette du mari et dont la durée ne peut excéder trois ans (6). Le droit de disposer de la femme n'est donc

(1) Dans les très anciennes inscriptions de Préneste, Curtia, femme de Roscius, est appelée *Curtia Rosci*. Cf. Édouard Cuq, *Institutions juridiques*, t. Ier, p. 62, n. 1.

(2) *Ibid.*, t. I, p. 48.

(3) Les Romains, par exemple, n'admettent pas que la femme mariée *farreo* puisse être mancipée, que la femme *in manu* puisse être donnée en adoption ou émancipée, car ce sont des actes contraires au but du mariage. Cf. Édouard Cuq, *op. cit.*, t. I, p. 64.

(4) Stanley Cook, *op. cit.*, p. 75 ; D'Arbois de Jubainville, *Comptes rendus*, p. 323. Cette assertion est d'ailleurs contestée : plusieurs assyriologues affirment que *bêl* signifie seigneur et s'emploie dans des cas qui excluent l'idée de propriété ; par exemple *bêl ḫiṭi* (seigneur du péché) désigne le pécheur. Peiser traduit *bêl aššati* par *Herr der Frau ;* Müller, par *Ehemann ;* Winckler, par *Eheherr*.

(5) G. Cohn, *op. cit.*, p. 28.

(6) Le P. Scheil a traduit très justement le texte en évitant d'employer le mot vente, et

pas accordé au mari d'une façon définitive, comme cela devrait être s'il avait un véritable droit de propriété. Bien plus : il dépend de la femme d'enlever ce droit au mari pour les dettes antérieures au mariage (art. 151) : cette faculté est inconciliable avec le droit de propriété qu'on attribue au mari. L'article 151 n'est pas le seul qu'on puisse citer en ce sens. Si la femme était la propriété du mari, elle ne pourrait, comme la femme *in manu* à Rome, rien conserver en propre; or les articles 162 et 163 prouvent qu'elle reste propriétaire de sa dot, puisque, à son décès, cette dot passe à ses enfants. Toutes ces règles seraient inexplicables si la femme était un objet de propriété.

b) Un acte babylonien déjà cité autorise le mari à vendre sa femme à titre de peine (1). Mais la vente à titre de peine n'est pas une conséquence normale du droit de propriété : c'est un droit exorbitant que s'attribue le mari. On ignore les conditions d'exercice et les effets de ce droit : l'acte qui le constate contient des lacunes qu'on a comblées par voie de conjectures; on ne peut donc l'accueillir sans réserves. Peut-être le droit de vente est-il accordé au mari dans un cas analogue à celui qui est prévu par l'article 141, lorsque la femme est devenue esclave à titre de peine.

En résumé, l'existence du mariage par achat, à Babylone, au temps de Hammourabi, n'est rien moins que démontrée. Le texte de la loi est plutôt contraire à cette manière de voir : d'une part il admet l'existence d'un mariage sans *tirḥatou;* d'autre part il constate que le père de la femme remettait habituellement au mari une dot, et cette coutume est difficile à concilier avec l'achat de la fiancée. Enfin la situation faite par la loi à la femme mariée ne peut s'expliquer dans l'hypothèse où on la considère comme une marchandise. Il faut donc interpréter autrement l'usage, attesté par la loi, de remettre une valeur au père de la femme, lors des fiançailles.

Deux solutions sont possibles :

1° Les Babyloniens auraient pratiqué simultanément le mariage par achat et le mariage par donation de la fiancée. S'il y avait des femmes qu'on achetait à leur père, il y en avait d'autres qu'on obtenait gratis (2). La coexistence de deux modes de mariage pourrait s'appuyer sur un passage d'Hérodote et sur l'usage romain du mariage avec ou sans *manus.*

Hérodote (I, 196) raconte que, chez les Babyloniens, les jeunes filles

en disant que le mari doit livrer la femme à la sujétion pour servir dans la maison du créancier.

(1) Meissner, *op. cit.*, n° 89 ; p. 71 et 148. Cf. G. Cohn, *op. cit.*, p. 29.

(2) C'est la solution proposée par M. d'Arbois de Jubainville. (*Comptes rendus de l'Acad. des Inscr.*, 1904, p. 324, n. 1.)

nubiles de chaque village se rassemblaient une fois par an dans une sorte de marché où se rendaient les hommes désireux de se marier. Les plus belles étaient vendues au plus offrant; l'argent provenant de la vente servait à procurer un mari aux autres : on les adjugeait à qui demandait la dot la plus faible. L'invraisemblance de ce récit est manifeste et généralement reconnue. En tout cas, il n'a aucun rapport avec les lois de Hammourabi : nulle part n'apparaît une distinction entre les femmes quant au mariage; nulle part la dot n'est présentée comme le prix d'achat du mari; enfin la somme remise par le futur profite exclusivement au père de la femme : elle n'est pas versée dans une masse commune.

L'analogie avec le droit romain doit pareillement être écartée : la distinction de deux sortes de mariage devrait, comme à Rome, se manifester par les effets propres à chacune d'elles (1); or les lois de Hammourabi ne font aucune différence entre les effets du mariage quant à la situation de la femme. La remise d'une *tirḥatou* est à cet égard sans influence.

2° La *tirḥatou* n'est plus qu'un souvenir de l'époque où le mariage par achat était usité. Le fiancé a conservé l'habitude de remettre une valeur à son futur beau-père alors que l'achat de la femme n'était plus compatible avec l'état des mœurs, ni avec la situation occupée par la femme dans la famille et dans la société. La *tirḥatou* est devenue un acte facultatif comme le prouve l'article 139, et dès lors son caractère juridique a été modifié. On ne peut plus dire que c'est un prix d'achat (2) : c'est une libéralité plus ou moins spontanée, un don de fiançailles (3) remis aux père et mère de la femme (4).

(1) Cf. sur ces différences, Édouard Cuq, *Institutions juridiques*, t. I, p. 63.

(2) Certains auteurs disent cependant, dans un cas analogue, que la femme est achetée au moyen des présents donnés par le mari. « Die Ehefrau wird gekauft durch die Geschenke des Mannes ». (Kohler, *Zeits. f. vergl. Rw.*, VI, 365.) C'est une incorrection : un acheteur ne se libère pas de sa dette en faisant un cadeau au vendeur. L'idée de vente et celle de donation s'excluent réciproquement.

(3) Dans un contrat cité par Meissner (n° 92), il est dit que la femme est *donnée* en mariage; et cependant la *tirḥatou* est fixée à un sicle d'argent. Ce texte est difficile à expliquer, si la *tirḥatou* est un prix d'achat.

(4) Voir le contrat de mariage cité par Meissner (*op. cit.*, 148). M. Dareste considère aussi la *tirḥatou* comme une libéralité, mais il pense qu'elle était remise à la fiancée, ce qui ne concorde pas avec les articles 159. à 161. L'usage du don de fiançailles, remis aux parents de la femme, était connu des Romains au temps d'Alexandre Sévère. *Cod. Just.* V, 3, 2 : *Si præsidi provinciæ probaveris, ut Eutychiam uxorem duceres, munera te parentibus dedisse...* Au ve siècle, dans l'Empire d'Orient, le fiancé remettait aux parents de la femme une somme d'argent à titre d'arrhes. *Cod. Just.* V, 1, 5 : ... *Patrem vero aut matrem... sive simul sive separatim arrhas pro filia susceperint, ... in duplum tantummodo convenit teneri.*

Cette transformation de la *tirḫatou* est une conséquence du changement qui s'est produit dans la situation de la femme et qui ressort du rapprochement des lois de Hammourabi avec le droit antérieur. D'après les lois dites sumériennes (1), la femme qui veut se séparer de son mari est jetée à l'eau, sans autre forme de procès. Voilà bien le régime qui convient à une époque où l'on pratique le mariage par achat. Mais au temps de Hammourabi les mœurs se sont adoucies : la femme peut quitter son mari et retourner chez son père dans le cas de l'article 142 ; elle ne peut plus être jetée à l'eau, sinon dans les cas exceptionnels prévus par les articles 129 et 133.

Le changement de nature de la *tirḫatou* n'est pas un fait particulier aux Babyloniens : il s'est produit partout où le mariage par achat a été anciennement usité. Mais chez les peuples à l'esprit formaliste, l'achat de la femme s'est maintenu comme acte de pure forme longtemps après qu'il a cessé d'être une réalité : le prix se réduit à quelques pièces de monnaie (2). A Babylone, où l'on ne trouve pas de trace de formalisme, au temps de Hammourabi, où l'on exige seulement des écrits probatoires, l'acte réel a subsisté : la *tirḫatou* a toujours une valeur pécuniaire plus ou moins forte, mais elle a cessé d'être obligatoire. C'est donc un acte dénaturé qui n'a ni le caractère (3), ni la signification de l'acte originaire (4).

Cette interprétation permet de déterminer comment s'est opérée la transition entre le système du mariage par achat, acte à titre onéreux conclu avec le père de la femme, et celui de la *dos ex marito*, libéralité faite à la fiancée (5). Lorsque la *tirḫatou*, d'abord nécessaire à la formation du mariage, devint facultative, le souvenir de sa raison

(1) Un fragment de ces lois, le seul qui ait été conservé, a été traduit par Winckler, *op. cit.*, p. 84 ; Kohler und Peiser, *Hammurabis Gesetz*, I, 133. Cf. Meissner, *op. cit.*, p. 15.

(2) Chez les Francs la femme était vendue pour un sou et un denier ; dans notre ancienne France, pour 13 deniers. Cf. Viollet, *Histoire du Droit civil français*, 3e édit., p. 441 et 458.

(3) Il en a été de même dans l'Inde. D'après les Institutes d'Apastamba, dont la rédaction remonte à quelques siècles avant notre ère, le mariage est précédé de fiançailles. Le futur époux fait au père de la fiancée un présent de cent vaches et d'un chariot, qui est rendu si le mariage n'a pas lieu. Apastamba a soin d'ajouter qu'il ne faut pas considérer ce mariage comme une vente. Le code de Manou, qui est d'une période plus récente, a proscrit le mariage par achat ; on a conservé cependant à cette époque l'usage de faire un présent au père de la fiancée, mais, dit la loi, ce présent (une vache et un taureau) ne constitue pas un prix de vente. Cf. Dareste, *op. cit.*, p. 75 et 82.

(4) D'après Kohler (*Z. f. vergl. Rw.*, XIII, 307), les cadeaux que le fiancé fait à son beau-père (chez certains peuples de l'Amérique du Sud), les services qu'il lui rend, n'ont pas le caractère d'une contre-prestation ; le fiancé veut surtout montrer qu'il est en état de remplir les devoirs d'un chef de famille.

(5) M. Dareste (*Études d'histoire du Droit*, p. 142), a constaté que « chez tous les peuples qui ont pratiqué l'achat des femmes, le prix d'achat finit toujours par se transformer en une

d'être primitive ne tarda pas à s'effacer : on trouva plus logique d'attribuer le don de fiançailles à la fiancée. La *tirḫatou* telle qu'elle apparaît dans les lois de Hammourabi, révèle une phase intermédiaire entre le mariage par achat et la *dos ex marito* de Germains (1) ou la *khetouba* des Hébreux (2).

II

LA *CHERIQTOU*.

La *cheriqtou* est une donation faite par un père à sa fille, soit en la mariant (art. 172, 176, 183), soit quand elle devient prêtresse ou femme publique (art. 178-182). C'est un avancement d'hoirie : la fille qui a reçu une *cheriqtou* est exclue de la succession paternelle (art. 183); celle qui n'a pas eu de *cheriqtou* a droit, suivant les cas, à l'usufruit d'une part ou d'un tiers de part d'enfant sur la fortune mobilière de son père (art. 180-182).

La *cheriqtou*, donnée à une fille non mariée, lui appartient tantôt en propriété, tantôt en usufruit, suivant que son père lui confère ou non le droit d'en disposer librement à cause de mort (art. 179). Dans ce dernier cas, les biens donnés reviendront, au décès de la femme, à ses frères (art. 178).

La *cheriqtou* constituée à une fille lors de son mariage (3), devient sa propriété. C'est pour elle une libéralité qui garantit son indépendance dans la maison conjugale. C'est aussi une libéralité faite en vue des enfants à naître du mariage, car, au décès de la femme, les biens donnés passent à ses enfants (4), si elle en a, sinon retournent à la maison paternelle (art. 162, 163). La *cheriqtou* a donc ici le caractère d'un apport destiné à subvenir aux charges du mariage : c'est la dot de la femme (5).

dot pour la fille. » Cf. pour le droit musulman rapproché du droit arabe, *Zeitschrift für vergl. Rechtsw.*, V, 131; 357; VII, 259.

(1) Tacite, *Germ.* 18 : *Dotem non uxor marito, sed maritus uxori offert.*

(2) Voir sur la *Khetouba*, Dareste, *op. cit.*, p. 38.

(3) Oppert et Ménant, p. 87, citent un acte, du douzième siècle avant notre ère, contenant la donation d'un fonds de terre, faite par un père à sa fille après les fiançailles.

(4) Ce n'est donc pas un pécule, comme le pense Winckler, *op. cit.*, p. 38, n. 4. A Rome, le pécule profectice reste la propriété du père et ne passe pas aux petits-enfants au décès du titulaire du pécule.

(5) Le P. Scheil avait, dans sa première édition, traduit *cheriqtou* par trousseau. Cette traduction, adoptée par M. Dareste (*Journal des Savants*, p. 586), était trop étroite : on ne conçoit guère que le trousseau d'une femme, comprenant des effets à son usage personnel, soit réservé soigneusement à ses enfants ou à son père; bien moins encore qu'il ait une valeur supérieure à celle de la *tirḫatou*.

La constitution d'une *cheriqtou* lors du mariage est consacrée par l'usage (1) : lorsqu'une fille n'est pas encore mariée à la mort de son père, ses frères lui offriront, en la mariant, une *cheriqtou* proportionnée à la fortune paternelle (art. 184). Mais la *cheriqtou* n'est pas une condition de la formation du mariage : la femme peut se marier sans dot (art. 176), de même que le fiancé peut se dispenser de donner une *tirḥatou* à son futur beau-père.

La dot est remise au mari, mais il n'en a que la jouissance (art. 163, 167, 172, 173). En raison de son affectation spéciale, cette jouissance lui est réservée même s'il est esclave : son maître n'a aucun droit sur les biens dotaux (art. 176).

La dot doit être restituée à la femme à la dissolution du mariage : en cas de prédécès du mari (art. 171, 172); en cas de répudiation injustifiée ou pour cause de stérilité (art. 137, 138); lorsque, négligée par son mari, la femme se retire chez son père (art. 142); lorsque, atteinte d'une maladie chronique grave, elle quitte la maison conjugale au moment où son mari prend une autre femme (art. 148). Par exception, le mari garde la dot en cas de répudiation motivée par une faute de la femme (art. 141, 142). Il peut aussi, en cas de prédécès de la femme sans enfant, déduire de la dot la valeur de la *tirḥatou* qu'il a remise à son beau-père (art. 164).

III.

LE *NOUDOUNNOU*.

Le *noudounnou* est une donation faite par le mari à sa femme durant le mariage. Sur ce point aucun doute n'est possible : si cette donation était antérieure au mariage, elle devrait être, comme la *tirḥatou*, restituable en cas de rupture des fiançailles par le père de la femme; or la loi ne dit rien de pareil.

Quel est le but de cette donation? C'est une question sur laquelle on n'est pas d'accord. A mon avis, le mari entend assurer à sa veuve des moyens d'existence plus larges que ceux qu'elle trouve dans sa dot ou que la loi lui attribue. L'article 172 le prouve : à défaut de *noudounnou*, la veuve a droit à une part d'enfant sur la fortune mobilière du mari.

Suivant quelques interprètes, le *noudounnou* serait une disposition analogue à la *morgengabe* du droit germanique (2), au douaire

(1) La femme de second rang elle-même peut avoir une *cheriqtou* (art. 137).

(2) D. H. Müller, *Die Gesetze Hammurabis und ihr Verhältniss zur Mosaischen Gesetzgebung sowie zu den XII Tafeln*, 1903, p. 141.

du droit gallois (1) : ce serait le prix du coucher, comme on disait du douaire de la femme dans notre ancienne France. Mais rien ne justifie cette assimilation : aucun texte n'indique le moment où cette donation doit être faite, et cependant la remise de la *morgengabe* le lendemain du mariage est le trait caractéristique de cette institution. Les Babyloniens avaient si peu l'idée de la *morgengabe* que la cohabitation pouvait avoir lieu, avant le mariage, dès le temps des fiançailles (art. 155). D'autre part, le *noudounnou* reçoit une affectation étrangère à la notion de la *morgengabe* : il est réservé aux enfants, soit au décès de leur mère, soit même de son vivant si elle se sépare d'eux (2) (art. 172).

Dans notre ancien droit français, il est vrai, sous l'influence romaine, le douaire de la femme est devenu, comme la donation *ante nuptias* du Bas-Empire, un gain de survie ; la *morgengabe* a reçu le même caractère lorsqu'elle a fini par se confondre avec le douaire (3). Mais, même à cette époque, le douaire de la femme ne saurait être comparé au *noudounnou*, car c'est une dotation en propriété antérieure au mariage et qui est acquise à la femme dès le moment de la bénédiction nuptiale.

Si l'on voulait trouver une analogie avec le droit postérieur, on pourrait rapprocher le *noudounnou* d'une institution consacrée au XIIIe siècle par les coutumes de la région Parisienne, le douaire des enfants. Ce douaire, que certains auteurs font remonter à la période franque (4), tandis que d'autres pensent qu'il s'est introduit progressivement dans le cours du haut moyen âge (5), n'est plus pour la femme une dotation en propriété, mais une simple dotation en usufruit avec réserve de la propriété pour les enfants à naître du mariage. Le douaire des enfants présente deux traits communs avec le *noudounnou* : l'inaliénabilité par la femme, la transmissibilité aux enfants.

Les donations faites par le mari à la femme ont suscité une autre difficulté : doit-on considérer comme un *noudounnou* la donation

(1) D'Arbois de Jubainville, *La famille celtique*, p. 141.

(2) Une clause analogue : *si mater a liberis non discesserit*, se retrouve dans un testament romain du IIe siècle de notre ère (Papin., *Dig.* XXXV, 1, 72 pr.). Mais ce n'est plus qu'une condition imposée par la volonté du testateur à une mère de famille qu'il gratifie d'un legs.

(3) Cf. Glasson, *Précis élémentaire de l'histoire du droit français*, 1904, p. 127-129, 263.

(4) Sohm, *Zeits. f. Rechtsgeschichte*, V, 424 ; Ficker, *Untersuchungen zur Erbenfolge der Ostgermanischen Rechte*, III, 375 ; VI, 234.

(5) Brunner, *Festgabe für H. Dernburg*, 1900, p. 50. Cf. Glasson, *Précis*, p. 266 ; R. Caillemer, *L'origine du douaire des enfants*, *1904*.

visée par l'article 150? Quelques auteurs pensent qu'elle ne doit pas être confondue avec celle que prévoient les articles 171 et 172. Ils font remarquer que l'article 171 attribue le *noudounnou* à tous les enfants sans distinction, tandis que l'article 150 confère à la femme le droit de le léguer à un de ses fils (1). Mais ces deux dispositions ne sont pas incompatibles (2) : le vœu de la loi est que, à la mort de la mère, le *noudounnou* passe aux enfants à l'exclusion de tout autre parent; ce vœu n'est pas violé parce que le bénéfice de la donation est réservé à l'un d'entre eux. C'est ainsi que le père peut déroger à la règle de l'égalité du partage et avantager l'un de ses fils (art. 165).

Ce qui est décisif, à mon avis, c'est que l'article 150 règle une situation analogue à celle des articles 171 et 172, celle de la veuve. Dans les deux cas, la donation tend à lui assurer de plus larges moyens d'existence; mais l'article 150 prévient une contestation que les enfants auraient pu soulever en raison de la nature des objets donnés : ce sont des immeubles, champ, verger, maison. Il y a un autre cas où la loi autorise l'attribution à la femme de biens immobiliers : en cas de répudiation injustifiée d'une femme qui a des enfants, la loi lui accorde l'usufruit des champs, verger et autres biens (art. 137). En somme, que le mariage soit dissous par le prédécès du mari ou par une répudiation, la femme, qui est sans reproche, a droit à la restitution de sa dot et à une valeur à prendre sur les biens du mari. Cette sollicitude du législateur pour les femmes veuves ou répudiées est un nouvel indice de la situation que la femme mariée occupe dans la société au temps de Hammourabi.

(1) Müller, *op. cit.*, p. 126, suivi par d'Arbois de Jubainville, *op. cit.*, p. 143.
(2) Cf. Kohler-Peiser, *Hammurabis Gesetz*, p. 120.

TYPOGRAPHIE FIRMIN-DIDOT ET Cie. — MESNIL (EURE).

TYPOGRAPHIE FIRMIN-DIDOT ET Cie. — MESNIL (EURE).

www.ingramcontent.com/pod-product-compliance
Ingram Content Group UK Ltd.
Pitfield, Milton Keynes, MK11 3LW, UK
UKHW020408250726
13967UKWH00006B/2528

9 782013 043434